어둠 속에서 빛을 만나다

어둠 속에서 빛을 만나다

방민선

현대시학시인선 113

ㅎ|ㅅ

방민선

인하대학교 일어일문학과 졸업.
중앙대학교 예술대학원 예술지도자과정 수료.
2014년 《서정문학》 시 부문,
2020년 《문학고을》 수필 부문 등단.
시집 『고양이 가족』이 있음.

pms3291@naver.com

✳︎ 시인의 말

  모습을 드러내지 않고 겨우내 땅속에서 꿈을 꾸고 있었던 생명들
  들녘에서 서서히 깨어나고 있다.
  겨울을 잘 이겨냈기에 봄이 아름다운 것
  보폭을 줄여 뭇 생명들과 눈 맞춤 할 준비를 해야겠다.

2023년 3월

파주에서

차례

✽ 시인의 말

1부 아버지, 나의 아버지

북으로 날아가는 새 떼	12
묵호 등대	14
새벽을 깨우는 소리	16
팬지	18
코로나19	20
잠들지 못하는 밤	23
퉁화의 새벽 풍경	24
어머니와 골목시장	26
구월이 오면	30
어둠 속에서 빛을 만나다	32
아버지, 나의 아버지	34
나의 이름은 코피노	36
밤꽃 피는 시절 비는 내리고	39
산책	42
생각을 즉석사진처럼 스캔할 수 있다면	44

2부 그리움

어머니의 밭에는 어머니가 없다	48
소금꽃	49
어떤 사랑	50
찔레꽃	51
큰아버지	52
바람에 몸을 맡기면	54
상상	56
착각	58
분꽃은 다시 피어	60
가을은 연애 중	62
비 오는 날	64
제물포역	65
그리움	66
장화리 바닷가	68
가을에게	70

3부 잊고 살았다는 너의 말

햇살 따사로운 날	74
봄눈	77
지리산 연가 – 천왕봉 천왕샘	78
가출 고양이 잡기	80
압록강에서	82
잊고 살았다는 너의 말	84
아버지와의 마지막 대화	86
달과 별	89
쑹허강松花江에서 만난 자작나무숲	90
목련꽃 피는 사월	92
첫눈 오는 날	94
그대, 지금 사랑을 꿈꾸거든	96
귀뚜라미	98
멈춰버린 시간	100
초코파이와 카푸치노	101

4부 세 사는 고양이

저물녘 104

네리와 국화 105

낡은 주점에서 106

어떤 죽음 108

고양이 가족 – 자비 110

고양이 가족 – 금비 112

고양이 가족 – 산 114

고양이 가족 – 들 115

고양이 가족 – 강 116

고양이 가족 – 별 117

세 사는 고양이 – 예쁜이 119

세 사는 고양이 – 하양이 형제 121

세 사는 고양이 – 까망이 122

모정母情 124

고라니 126

*해설
이타심의 중심에 서 있는 시들 | 박 일(시인)

1부
아버지, 나의 아버지

북으로 날아가는 새 떼

바람이 저 홀로

놀고 있는 들판

내려앉은 노을빛

하늘은 그대로

풍경이 된다

지친 몸 쉴 곳 찾아

나란히 어깨 겨누며

길잡이 앞세워

북으로 향하는

끝없는 행렬

일제히 날아오르는 아우성

겨울잠에 빠진

빈 들녘에 울려 퍼지는

노래가 되어

정지된 하천을 흔든다

공중에서 벌어지는

한바탕 현란한 군무

이내 까만 점으로

사라지는 찰나

발길을 잡는데

봇물처럼 터져 나오는

알 수 없는 그리움

묵호 등대

논골담길 가장 높은 곳에서
하루 종일 바라보는 풍경은
끝없이 펼쳐진 입 다문 하늘
눈이 시리게 파아란 바다
떠들썩한 사람들 소리
노을이 수평선에 잠들면
썰물 되어 빠져나간다

서서히 깨어나는 바다는
목이 쉰 들짐승
밤새 토해내는 울음
기지개 켜며 일어나는 아침 해
모습 드러낼 때까지
파도의 피맺힌 절규를 들으며
빛을 빚어야 하는 지루함

때론 반복되는 일상이 싫어

홀로 깊어지는 외로움에

세상과 타협하고 싶다

생각도 했지만

누군가 꼭 해야 할 일

어둠 속에서 직진만 고집하는

길잡이가 되어야 하는 운명

새벽을 깨우는 소리

새벽녘 들려오는

울음소리

일정한 장소에서

적막을 깨뜨리며

앙칼지게

때로는 구슬프게

어둠을 가른다

눈으로 가늠할 수 없는 소리

거리를 계산할 수 없다

길을 잃었다면

한곳에 머물지 않고

여기저기 배회하리라

분명 누군가

매어놓은 것

집 잃은 개

주인이 찾을까

매어놓은 것일까

아니면 누구든 데려가라

주인이 유기한 것일까

어둠이 내리면

돌아가야 할 때

돌아가지 못하는

개 한 마리가

어둠 속에 떨며

여명을 부른다

팬지

오늘은 이만큼만

보여줄게요

다 보여주면

내 속이 훤히 보이니

부끄러워

오늘은 요만큼만

보여줄게요

다 보여주면

날 향한 그대 사랑

옅어질까 두려워

오늘은 조금만

보여줄게요

다 보여주면

새 생명 품은 비밀

세상이 알게 될 테니까

꿈을 꾸는 나의 꿈
한꺼번에
보여주고 싶지 않아
조금씩 보다 보면
전부 보게 될 거야

하루하루 꿈을 키워
결국에는
또 다른 나를
세상에 내놓는
놀라움

코로나19

평화로운 지구에 전쟁이 일어났다

사람의 목숨을 볼모로 하는 전쟁
무기가 필요 없어 피를 부르지 않는
서로가 누구인지 모르게 철저히 위장하듯
얼굴을 숨기게 하는 얼굴 없는 마스크 맨

최상의 포식자라 자부하던 사람들
언제부턴가
겸손과 배려를 외면하더니
벌을 받는 것일까
무언가에 조종당하듯 막강한 힘에 짓눌려
저항하지 못한다

격리된 피붙이 대면조차 못한 채
무참하게 살해되어 화장터에 쌓이는

싸늘한 주검들

죽어서도 서러워 차마 눈감지 못하는

21세기의 대재앙

세상에 얼굴을 드러내지 않는 살인마

사람의 코와 입을 막아 숨통을 조이더니

끝내, 다리마저 묶어 자유를 구속한다

옆 사람이 감염자가 아닐까

경계하는 의심병을 낳았다

순식간에 일상을 짓밟은 파렴치한

보이는 것보다 보이지 않는 것이

더 강하다는 걸 입증하듯

마스크를 바꿔가며 또 다른 형태로

공격을 가한다

이제, 지칠 법도 한데 지치지 않는 바이러스

바이러스가 강해질수록 사람도 강해져

결국 꼬리가 잡힐 텐데

잡히지 않으려고 오랜 시간 발버둥을 친다

공중에서 줄타기하듯 대치중인 사람과 바이러스

승리할 최후의 날을 꿈꾸며

지혜 모으기에 골몰한 사람이 이길 것인가

사람들 삶 속에

은밀히 숨어든 바이러스가 영원히 살아남을 것인가

잠들지 못하는 밤

하늘에서 내려다보는

수많은 눈동자

어디에서 왔을까

쏟아지는 꿈 조각

두 손 가득 받으며

빛에 취해

어쩔 줄 모른다

하늘과 땅을 오가며

즐겁게 놀던 별들이

제각기 집으로 돌아가는

새벽녘

안개를 흩뿌리는 장터목

잠이 덜 깬 눈 부비며

서서히 깨어나고 있다

통화의 새벽 풍경

호텔 객실 창을 열면

빨간색의 한글

슈퍼마켓

꼬치구이 파는 맥줏집

나이를 뽐내듯

1976 이름표를 달고

주름진 얼굴로 서 있다

결코

낯설지 않은 풍경

백두산이 그리운 사람들

잠시, 쉬어가는

지린성통화현

삼대가 복을 지어야

마주할 수 있다는

백두산 천지

맑은 눈빛 보고파

피곤에 지친 몸 이끌고

한데 어우러지는 곳

밤새 내린 비로

뽀얗게 세수한 거리

상큼한 웃음 건네며

낯선 이방인의 발길 이끈다

새벽 공기 입안 가득

오물거리면서

잠이 덜 깬 도시

바람을 가르며

거닐어 본다

어머니와 골목시장

어린 시절
어머니 손을 잡고 처음 찾은 시장은
사람 한 명이 겨우 지나다닐 정도의
비좁은 골목에 자리했다
주변에 규모가 제법 큰 시장도 있었지만
굳이 큰 시장을 찾을 필요는 없었다
허기진 가난을 달래기엔 사람들이 몰리지 않는
작은 시장으로 충분했기 때문이다
내 또래 아이들이 좋아하는 주전부리라곤
눈을 씻고 찾아봐도 손에 쥘 수 없는
채소와 나물 생선 두부 등
밥해 먹는 데 필요한 최소한의 재료들만 파는 곳
가난이 습관처럼 몸에 밴 사람들이 모인
골목시장에서는 목청을 높이는 일도
멱살 잡고 싸우는 일도 일어나지 않았다

눈보라 치는 겨울날

높은 언덕에 자리한 골목시장에 갈 때면

엉덩방아 찧게 한 빙판길 보다

이른 새벽 나를 놓아주지 않는

덜 깬 잠이 더 미웠다

시장바닥에 쭈그리고 앉아

채소장수가 뜯어낸 배춧잎과 무잎을

벌겋게 부어오른 손으로 부지런히 줍던

창피함은 고급스러운 단어 한낱 사치에 불과했고

낯이 팔리는 것은 큰일이 아니었다

정부미로 지은 밥으로는 끼니를 해결할 수 없어

꽃다운 내 어머니는

시장에서 주워온 배춧잎과 무잎을

큰 솥에 푹푹 삶아 잘게 썬 후

불린 쌀 한 공기와 된장을 듬뿍 넣어

시래기죽을 끓이셨다

어머니가 견뎌야 했던 서슬 퍼런 아픔을

나는 짐작조차 하지 못했다

어머니와 나만의 은밀한 추억 때문일까

낯선 도시를 여행할 땐 딱히 살 물건이 없는데도

톱니바퀴처럼 맞물려 분주하게 돌아가는 시장을 찾는다

시장 곳곳을 둘러보다 마음을 빼앗는 물건을 만나면

그 어떤 것이든 한 치의 망설임도 없이 무조건 산다

시장에서 오랜 시간 날 머물게 하는 곳은

손수 지은 농작물로 꾸려진 어르신들 좌판 앞

지나가는 사람들의 눈을 애타게 바라보며

간택의 손길을 기다리는 온갖 채소와 곡식

또는 제철 과일들이

손때 묻은 바구니에 아무렇게나 담겨져 있어

빙그레 미소 짓게 한다

그 앞에 서서
어머니와 같은 분들과 이야기를 나누노라면
따스한 정을 느낄 수 있어 마음이 편해진다

어쩌면 나는
어머니가 그리워서 시장을 찾는지도 모른다

구월이 오면

태어난 것도
사랑이 찾아온 것도
평생 함께하자
맹세한 것도
눈부시게 빛나던 사랑
차가운 이별 맞이한 것도
하늘이 바다보다
더 푸른 구월이었네

사랑을 한 것도
사랑을 떠나보낸 것도
후회한 적 없는데
그리워지다, 미워지다
다시 그리워지다
지워지지 않는 흔적
시간 속에 가두어버린

옛사랑

구월이 오면

마음이 저려와

몸이 먼저 신음한다

누군가에겐

간절히 기다려지는 구월이

누군가에겐

하늘이 바다보다 푸르러

아픈 구월이다

어둠 속에서 빛을 만나다

어둠 속에서

드러나지 않던 것들

가만히 귀 기울이면

하나 둘 모습 보인다

산허리를 껴안고 서있는

나무의 몸통

세월의 흔적으로 각인된

나무의 굵직한 팔뚝

쉼 없이 별 부스러기를

만지작거리는 나무의

여린 손가락의 떨림

어둠이 눈에 들어오면

살 속 깊이 파고든

오래전 퇴색해 버린 옛사랑

잊어버려라 참견하며

소똥령 계곡 휘돌아

물과 어우러져

노래 한 자락 뽑아낸다

칠흑 같은 어둠과 함께 하면

익숙해진 외로움

곁에 다가와 앉아

아직 보내지 못한 그리움

목젖까지 차올라 울음 운다

어둠이 밝은 빛 빚어내느라

계곡은 잠들지 못한다

아버지, 나의 아버지

깡패들이 청계천 활보하던 시절
어디서든 자신만만하셨던 아버지
친척집 곁방살이하며 공사판에서 배운 미장일
없이 살아 배고파도 지켜야 했던 사나이 자존심
두 날개 활짝 펴서 푸른 꿈 향해 날고 싶던
젊은 날

애송이 총각 결혼하며 펼치기 전 사라진 꿈
처자식 짊어진 무게 나날이 늘어가도
인부들 먹이고 재우고 비위 맞추고
고향 지인들마저 빠지지 않고 거쳐 가던 집
겨울철이면 꽁꽁 언 두 손 호호 불어가며
한 접씩 담그던 김치와 동치미

살을 에는 추위에 굳어진 몸
굵어만 가는 손가락 마디
살뜰히 객식구 챙기는 아버지를

난 도저히 이해할 수 없었다
지금 돌아보면 누구나 배고파서 서럽던 때
친척집 신세진 빚 갚듯 기댈 곳 없는 타향에서
아버지는 지인들 버팀목이었음을

국문학 전공을 반대했어도
글을 쓰게 되자 기뻐하셨던 아버지
신문 특집란의 문학과 교육면 곱게 접어
늘 소파에 놓아두셨다
언젠가 반주를 함께 하며 네 앞길 막아 미안하다
털어놓은 속마음 그저 큰소리로 웃었지요

자식 위해 접은 꿈 잊고
나에 대한 미안함만 안고 사신 아버지
유품을 정리하다 눈에 띈 일기장
그 안에서 발견된 나의 시
오랫동안 목이 터져라 울었지요

나의 이름은 코피노

살 속 깊이 파고든 가난
일상이 되어버린 세부 바랑가이
벌집처럼 다닥다닥 붙어 있는
감옥 같은 방
창틈으로 새어든 한 줄기 빛
꼰대 발 서서 뚫어져라
밖을 응시한다

어린 내게
목마와 비행기를 태워주며
놀아주던 자상한 아빠
지금도 이해되지 않는다
한국 다녀온다
집을 나선 후
왜 돌아오지 않는지

아빠를 생각하면 무조건 밉다

미워서 서럽게 울다 보면

자꾸만 자라나는 그리움

날 버린 것이 아니라

오고 싶어도 올 수 없는 사정

있을지도 몰라

언젠가는 나를 꼭 찾을 거야

미들 네임도 없는

아빠를 쏙 빼닮은 나는

한국인도 필리핀인도 아니다

밖에 나가면 네 나라로 돌아가라

놀아주지 않는 야속한 친구들

그럴 땐

아빠와 함께 찍은 사진을 본다

김치와 삼겹살을 좋아하고
안녕하세요
감사합니다
아빠와 나의 나라
한국에 가고 싶어
한국말을 배운다

오늘도 창가로 찾아드는
한 줄기 빛 바라보며
혹시나 날 찾아올 아빠
가슴 졸이며 기다린다
어쩌면 영원히 날 찾지 않아도
이다음에 커서
한국에서 한국인으로 살고 싶다

밤꽃 피는 시절 비는 내리고

앞산에 핀 밤꽃

은은한 향기 몰고 와

온 마을 휘감고

종일 목 놓아 울던

뻐꾸기 소리 재우는

비가 내린다

이른 봄부터 타들어간

대지의 입술

어미젖 빨듯

반가움에 오물거린다

잠을 털고 일어선

하늘 향해

사각의 프레임 속으로

들어온 낯익은 풍경

창가를 마주하며

눈 맞추던 골든 리트리버

마당 귀퉁이에 남겨진 집

주말이면 가족의 품속으로

썰물처럼 빠져나가는

오피스텔 사람들

텅 빈 주차장이 떨고 있다

이 장대비 그치면

살아남은 밤꽃은

계절이 바뀌는 줄 모르고

뜨거운 햇볕 아래

소중한 생명 품느라

여름내 분주하겠지만

목을 길게 빼고

시름에 젖어

창가를 서성인다

호기심에 길을 나선

늙은 양이

돌아오길 바라며

산책

천천히 걷는 거야

살면서 꼭 목표를

세울 필요는 없어

조금 느리게 걷는 거야

그러다 보면 서서히

느림에 익숙해지는

몸과 마음

빨리 걸으면

그저 스쳐 지나는 것들

천천히 걷다 보면

저마다 고개 들어

아는 체한다

맑은 웃음 건네는

싱그러운 풀과 나무

자그마한 벌레와도

눈 맞추며

두 팔 벌려

들판을 뛰어다니는

바람과도 이야기하며

그러다 뼛속 깊이

외로움이 스며들면

소리 내어 울어도 보고

웃어도 보면서

최대한 호흡을 가다듬고

욕심을 버리면서

천천히 걷는 거야

생각을 즉석사진처럼 스캔할 수 있다면

한순간

뇌리를 스치는

기발한 문장

그대로 스캔해서

내 앞에

놓을 수만 있다면

얼마나 좋을까

생각이란 것을

메모하기까지

짧은 몇 초

너무 긴 시간

찰나의

번뜩이는 빛

기억이라는

믿을 수 없는

파장의 일탈로

하얗게 사라지면

되돌릴 수 없기에

머릿속

생각이 떠올라

셔터를 누르면

즉석사진처럼

그대로 스캔되어

내 앞에 놓인다면

얼마나 좋을까

2부
그리움

어머니의 밭에는 어머니가 없다

어머니의 밭에는 어머니가 없다
봄에는 쑥과 냉이
달콤한 꿈에 젖어 흐느적거리고
여름에는 하늘만큼 자라고 싶어
안달하는 나무의 아우성
가을에는 흩날리는 도토리나무 이파리
수런거림 그득해도
어머니의 밭에는 어머니가 없다

어머니에 대한 미안함
어느새 그리움으로 자라
흐느끼고 있는데
소리 높여 불러도
보고픈 내 어머니는
꽁꽁 숨어 나오시지 않는다
아무리 불러도
어머니의 밭에는 어머니가 없다

소금꽃

나를 지옥에 빠트린 것도
사랑이었네
나를 지옥에서 건져낸 것
또한 사랑이었네
사랑의 열병으로
밤을 하얗게 밝히고
눈물이 바다를 이루어
바다에 쌓인 눈물
녹지 않는 소금꽃
피워내던 지난날

어떤 사랑

보고파 마음 한 켠
고이 접어둔 사람
욕정에 이끌려
살 섞는 것만
사랑이더냐

손 뻗으면 닿을 수 있어
가슴 뛰지 않는 사람
아침에 마주보며 입내 풍겨도
아플 때 곁 지키는 게
사랑이란 걸

이제야 알겠네
세월 흘러 미움은 강물 되어
마음 저린 사람아
그대도 가끔
그리워하는지

찔레꽃

그대 위해 바친
빛나던 청춘
유월이면,
산과 들 곳곳에
하얀 넋으로 온다

사랑하는 이 남기고
먼저 떠난 서러움에
밤새 울다
목이 메어
피어난 꽃

새벽녘 찬바람
이슬 부르면
그대 향한 그리움
더욱 깊어져
온 산천 흔들어 깨운다

큰아버지

그대 거룩한 희생으로
다시 일어선 조국
흩날리는 풀빛 향기
살포시 미소 짓는데
지금 평안하십니까

산처럼 쌓인 주검 속에서
겨우 살아난 것이
동지들과 함께하지 못한
평생의 아픔
문질러도 지워지지 않는 문신

세월은 흘러도
전쟁의 상처는 뿌리 깊어
가슴 속엔 늘 불덩이가 자라나
영혼은 오간 데 없이
삶과 죽음 넘나들던 목숨

전쟁은 치유할 수 없는

병마를 남기고

병마는

그대 위협하는

평생의 그림자

그대여, 가슴을 칩니다

생전에 두 팔 벌려 안아드리지 못해

사랑한다 말 한마디 건네지 못해

조국 위해 장한 일 하셨다

손잡아 드리지 못해

그리운 그대

모든 시름 잊고 영면하소서

전쟁이 없는 나라

고통이 없는 나라

평화의 나라에서

바람에 몸을 맡기면

바람에 몸을 맡기면
일제히
하늘로 날아오르는 땀방울
입속에서 터지는
상큼한 포도알처럼 개운하다

삶은 계곡에서 피어나
순식간 목을 조여 오는 안개
바람에 머리를 맡기면
휩싸이던 두려움 사라지고
정신이 맑아진다

한낱 헛된 꿈에 불과한
가슴에 뿌리내린 생각들
바람에 마음을 맡기면
미움은 엷어지고

그리움은 짙어진다

바람에 모든 걸 맡겨 보자
덧없는 욕심 채우기보다
바닥이 보일 때까지
비워야 함을 아는 우리
이제, 바람에 기대어 보자

상상

언제부턴가
눈은 촉촉이 젖어 있었다
아름다운 세상이 의문에 휩싸여
순식간 안개의 바다가 되더니
그 안개 속으로 점점
발이 미끄러지기 시작한 것이다
아닐 거야가
정말이야로 둔갑하고
내가 잘못 생각하고 있나가
정말이구나로 바뀐다
물증 하나 없이 어떤 짐작은
세상에 있지 않는 사실이 되어
의식의 숨구멍을 조인다
마비된 의식은 안개에 갇혀
허우적거리느라
세상 밖으로 걸어 나오지 못한다

무너질 것인가

스스로 헤쳐 나오지 못하면

세상에 존재하지 않는 존재가 되어

소멸될 테니 깨어나라

그대 심장에 한 줄기 빛을 수혈받아

깨어나라, 그리고 소통하라

그대가 다시 세상으로 나올 수 있는

단 하나의 길이다

착각

한 여자 앞에서 웃던 남자

가족과 함께 팔짱을 낀 채 웃고 있다

그 순간 남자는 낯선 사람이 되어

여자에게 다가온다

사랑한다는 흔한 말 한마디

가족과 함께일 때 행복한 남자인데

자신 곁에 있을 때 행복할 거라

여자는 스스로 최면을 걸었는지도 모른다

어떤 이의 눈물로 만들어진

또 다른 이의 행복

외로움이 습관처럼 굳어진 우리는

사랑이라는 이름으로

동정을 구한다

서로를 위해

상대를 사랑하는 것이 아니라

혼자라는 외로움이 두려워

늘 함께이길 원한다

분꽃은 다시 피어

한 번도 생각한 적 없는 엄마의 부재

켜켜이 쌓인 세월의 흔적

굴곡진 삶에 묻어난 주름살

연세 생각지 않고

늘 곁에 계실 거란 착각은

점점 가속도가 붙은 채 멈출 줄 몰랐다

이 세상 곳곳에 숨어

사람 목숨 노리는 건

병이 아닌 사고라는 걸

작년 이맘때

사이좋게 가지 나눠 피었던

분홍꽃과 노랑꽃

올해는 노랑꽃 피지 않고

홀로 흐드러진 분홍꽃

행여 노랑꽃 피지 않으면

엄마 생각하지 않겠지

노랑꽃 아니 피니

엄마 없어 피지 않나

한낮 더위에 꼭 다문 입술

생전에 목젖 보이며

소리 내 웃는 법 없고

곁에 계셔도 있는 듯 없는 듯

미소만 얼굴 가득

자식들 무조건 믿으시던

내 엄마 꼭 닮았네

엄마, 불러 봐도

곁에 없는데

올해도 분꽃은 다시 피어

오가는 길냥이들

두 팔 벌려 그늘 내어준다

가을은 연애 중

자비네 텃밭에서

가을이 놀고 있다

보랏빛 가지에서 미끄럼 타고

붉은 고추에 대롱대롱 매달려

턱걸이도 해본다

줄 콩 줄기 타고 지붕 오르다

볼 간지럽히는 바람에 살짝궁 입맞춤

아이, 달콤해 한눈팔다

입 벌려 방긋 웃는

호박꽃 속으로 쏘옥

어서 오세요, 기다렸어요

가을은 지금 연애 중

자비네 텃밭에서 불이 붙었다

바람과 함께 사랑 나누며

신나게 한판 놀고 있다
이제, 지칠 만도 한데
해 지는 줄 모른다

모든 걸 주겠노라
짙푸른 하늘 내어주며
행복하다고,
그래도 행복하다며
짧은 생 긴 하루를 산다

비 오는 날

지금 비가 내리고 있다
낡은 라디오에서는
어느 낯익은 가수의 노래
'회상'이 흐르고
가는 빗줄기 창을 노크하고 있다
이 밤 내내 얼마나 많은 낙엽들
바람과 함께 추락할 것인가
지금 비 내리는 중
삶이란 만남을 엮고
헤어짐을 기약하는 것
누군가를 간절하게 기다리는 사람아,
빗줄기 속에서 보았는가
그렁그렁한 이별의 눈빛을

제물포역

그대로 인해 정이 든 제물포역

오랜 우리의 추억

낯설게 부서져 내리고

대낮인데 하품하며 졸고 있다

훔쳐내어도 두 볼을 타고

하염없이 흘러내리는 눈물

창피한 줄 모르고 시야를 가린다

언제부턴가 그대 곁에

슬그머니 주저앉은 서슬 퍼런 가난

곁에서 힘이 되자

몇 번이고 다짐하면서도

바람에 흩날리는 나뭇잎으로 떨고 있다

그대를 떠나지 못하는 가난보다

그대 곁에 울먹이며 서성이는

내 모습이 초라해서

그리움

기다림에 지쳐갈 때
보고픔에 목이 메일 때
때로는 아픔으로
때로는 눈물로
날 울리는 그대

그대 향한 나의 사랑
날 향한 그대 사랑
우리 사랑
흐르는 물이기 보다
고인 물이 되어 머물고 싶다

애써 견디려 해도
그대 그리워
길 떠나는 날엔
내리는 비

저 홀로 깊어지는 저 빗줄기

그대 맘에

내 맘에

소리 없이 쌓이는 그리움

그대, 지금 만나고 있는가

그대, 지금 느끼고 있는가

흐르는 물이기 보다

차라리 고인 물이 되어

그대 곁에 머물고 싶다

장화리 바닷가

어둠이 새벽 열며 파도 부르면
바다와 하늘은 사랑을 나눠
해를 낳는다
단잠에 빠져든 갯벌
어서 일어나라 소리치며
뭍을 빠져나가는 썰물

인적 없는 바닷가
손톱처럼 자라나는 기다림
혼자 놀기 심심해
하늘에 그림을 그리는 오후
흰구름 그리다 먹구름 그리다
그린 구름을 지우기도 한다

타오르는 햇살 아래
갯바위와 수다 떨며
몸을 말리는 모래알들

키 작은 갈대 몇몇은

때 이른 꽃을 피워 바람에 기댄다

그리움에 저 홀로 깊어져

수평선 바라보던 바다부추

파도가 비릿한 갯내음 데리고

뭍으로 돌아오면

신이나 춤을 추며

자맥질을 시작한다

다시 한몸 된

하늘과 바다

하늘이 입속으로

붉은 해를 삼키면

바다는 넓은 치마폭을 벌려

물속에 노을을 낳는다

가을에게

그대 가는 길 의심하지 말아요
여름의 끝에서 가을을 맞는 일
의지와 상관없는 자연의 섭리
누군가 떠난다는 것을 아파하지 말아요

다가오지 않은 미래
걱정하지 말아요
풀잎이 바람에 몸을 맡기듯
내게 마음을 맡겨요
지금 함께 걸으며
같은 것을 바라보는 것
같은 것을 생각하는 것
그게 바로, 여름내 키웠던
그대의 사랑이에요

먼 훗날 혹시

상처가 아픔으로 남아도

지난날은 좋은 추억이었다고

말하기로 해요

3부
잊고 살았다는 너의 말

햇살 따사로운 날

가을 햇살 따사롭던 날
차로 다니던 텃밭
산책로 따라 걷기로 했습니다

줄 콩 한 봉지 따며
혼자 땄으면 하루 종일 걸렸을 텐데
너랑 함께여서 금방 땄다
좋아하시던 모습
당신의 시간은 이미
저만치 뒤처지고 있음을
그때는 진정
알지 못했습니다

하천 따라 집으로 향하던 길
형제 곁에 부모님 함께 계셔 행복하고
자식들 무탈해서 부모님 행복하다

의자에 다정히 앉아

두 손 꼭 잡고 웃었는데

나는 조금 일찍 이승과 이별하고

당신은 조금 늦게 이승과 이별해서

저승길도 함께 가자

손가락 걸었는데

그날이 당신과 내 생애

마지막 데이트였습니다

그날의 기억이 내게 남겨진

그대 마지막 흔적이 되었습니다

아무 일 없듯

버젓이 위세를 떨고 있는

호국로 1781번지가

못내 미워집니다

당신은 이 세상에 없는데

아무렇지 않게

일상을 살고 있을 것 같은 그 청년이

시간이 흐를수록 어쩐지 미워집니다

봄눈

누가 볼까

지난밤 바삐 다녀갔네

늑장 부리지 말라

흙 꾹꾹 밟아 주고

기지개 켤 준비 하라고

명자 꽃망울 볼 톡톡 만져주고

누가 들을까

소리 없이 살짝 다녀갔네

지키던 자리 내주기 아쉬워

봄이 오나 궁금해

다시 왔다가

말 한마디 못하고

지리산 연가
— 천왕봉 천왕샘

민족의 혼 지리산은

천왕봉을 낳았다

천왕봉은

운해를 품은 바위를 낳았다

천왕봉 바위는

흙이 품던 물을 낳았다

진주 남강을 잉태한 물이

목을 타고

오장육부 긴 터널을 지나

항해를 마치면

인간의 탐욕도 사라진다

눈으로 찾을 수 없고

마음으로 찾아야

얼굴을 내미는 샘

혹시나 그대 발길 닿으면

머무를 수밖에 없는

아주 은밀한 그곳

어머니 봉우리는

사람의 입에서 오가는

잡다한 이야기를 들으며

천왕샘 물을

밤새도록 토해낸다

가출 고양이 잡기

바다에서 밀려드는 성난 파도처럼

매섭게 몰아치는 바람

살을 에는 추위에 떨고 있는 두 발

신음소리 깊어진다

입으로 바다 향기 토해내는 조기

온몸으로 고소한 냄새 풍기고

참치와 게맛살 고루 섞어 코를 자극해도

도대체 드러내지 않는 모습

혼자 살고 싶은 대로

짧게 살다 죽게 내버려 둘까

끊어낼 수 없는 고민 되풀이하다 끝낸

폐가에서의 염탐

아쉬움 뒤로 하고

포획 틀 놓아둔 밭으로 발길을 돌려 본다

폐가에서 감쪽같이 빠져나와

달콤한 유혹에 갇힌 처량한 눈빛

쫓고 쫓김이 끝나는 순간

이제껏 실패한 적 한 번도 없지

그 간의 맘고생 스스로 위로하며

달아오른 화를 짓누른다

집 주위 맴돌며

추위와 불안에 떨었을 날들

마음 달래주려 간식 놓아두면

간식만 냉큼 먹고

잡힌 게 억울해서

밤늦도록 울어댄다

압록강에서

압록강 저 편
눈에 들어오는 풍경
오후 여섯 시
서둘러 자전거로 퇴근하는 사람들
척박한 산비탈 일구어
경작한 노란 옥수수 물결
강변에서 어망을 들어 올리는 병사들
멱을 감으며 옷을 빠는 병사들
안녕하세요, 인사하면
안녕하세요, 대답한다

손을 들어 흔들면
함께 손을 흔든다
전쟁의 역사가 끊어 놓은 압록강교
저 철교만 건너면 신의주인데
만날 수 없는 우리의 핏줄

멀리서 바라만 봐야 하는 아쉬움

타국 땅에 방치된

발해와 고구려 역사처럼

서로 손 맞잡을 수 없어

마음이 저려온다

잊고 살았다는 너의 말

깨어진 유리조각으로

가슴을 찌르는

잊고 살았다는 말

보고플 때마다

기억을 들추느라

짓무른 상처에서

뿜어져 나오던 선홍색 피

만날 수 없었던

지난날

외면하지 못하고

그리워한 내게

잊고 살았다는 너의 말이

외로웠다는 말 같아서

울고 말았네

삶의 무게가 버거워

설령 잊고 살았어도

마음속 깊은 곳에

고이 묻어두고

누군가 만나면 말하리라

오랫동안 참 많이도

보고팠다고

아버지와의 마지막 대화

밤낮으로 주무시는 아버지
휠체어에 태워
병원 복도를 돌아다니다
창가에 멈춰 발을 주물러 드리며
잠을 깨웠다

- 하루 종일 눈감고 계시면
  무엇이 보이세요
  환한 빛이 보여요
  까만 어둠이 보여요
- 까만 어둠만 보여
- 아버지, 눈 좀 떠 보세요
  저기 북한산이 보여요
  어제는 희미했는데
  오늘은 선명하게 보여요
  눈을 하도 감고 계셔서
  우리 아버지 눈이 작아졌네

아버지, 혹시 엄마가 꿈에
  나타나신 적 있어요
- 응
- 언제요
- 오월에
- 아버지 보고 엄마가 뭐라고 하셨어요
- 네 엄마가 아무 말도 않고
  날 보더니 그냥 가버리더라
- 그거 봐요 아버지,
  아직 만날 때가 아니라고
  엄마가 그러신 거예요
  아들과 딸들이랑 더 살다가
  하늘에서 만나자는 거예요

- 그런데 왜 한숨을 쉬세요
  드시기 싫은 죽

억지로 드시라 해서 그래요
- 아니
- 그럼, 왜 한숨을 쉬세요
- 사는 게 너~무 힘들어
- 맛있는 음식도 많이 해드리고
　잘 모실게요
　내가 늙을 때까지
　오래 함께 살아요

나의 무능함을 느끼며
인정할 수 없는 불안의 시작이 된
"사는 게 너~무 힘들어"
한숨 섞인 아버지의 그 한마디가
아직도 귓전에 맴돌며
날 아프게 합니다

달과 별

이른 저녁

하늘 호령하던 달

새벽이 가까울수록

별은 찬란한 빛으로

떠나는 달의

뒷모습 밝힌다

강한 빛은

물러날 때도

강하다는 것을

달이 머물던 곳에

찾아든 별은

알고 있다

쑹허강松花江에서 만난 자작나무숲

랴오닝성에서 지린성까지

끝없이 펼쳐진 자작나무숲

함께 호흡하지 않아도

자작나무에 둘러싸여

걷고 있다는 착각에 빠진다

매끈한 다리에

날렵한 몸매 드러내며

여기저기서 달려 나올 것 같은

백호白虎 무리가 되어

차창으로 다가오기도 한다

가까이 다가서며 손을 내미는

코 끝 찡한 아련한 기억

진한 그리움으로

옷을 갈아입는

분주한 몸놀림

자작나무 하얀 속살

말없이 흐르는 쑹허강松花江

물줄기에 부서져

햇살 가득 품에 안고

현란한 춤을 추면

겨울은 아직 먼 데

은빛 나무는

저마다 잎을 떨구며

다가오는 계절에

맞설 채비를 한다

목련꽃 피는 사월

사월은 목련꽃으로 온다
누구에겐 날아갈 듯 벅찬 사랑
가슴에서 피어오르고
또 누군가에겐
아물지 않는 깊은 상처
울분으로 돋는다

누구에겐 피어 있는 것 자체가
아름다운 꽃이지만
또 누군가에겐
그저 바라만 보아도
눈물 와락 쏟게 하는
마음에 접어둔 아픔이다

말 한마디 못하고 떠나간
수많은 청춘들의 넋
지금 어느 하늘에서

호느끼고 있는가

세월에 묻힌 우리의 역사는

무엇을 보았는가

꽃다운 눈망울

생사를 넘나들 때

조국은 무엇을 했는가

사월과 함께 와서

차마 피지도 못한 채

핏빛 영혼으로 떠나갔다

다시 사월은 어김없이 왔는데

꼭 다문 하얀 입술

그날처럼 흩날리는데

친구야,

눈물 뚝뚝 흘리며

아직 서성이고 있는 나의 친구야

첫눈 오는 날

해질녘 뜰에 나가보니
마음 한구석 잠들어 있던
그대, 살며시 고개 내밀며
오시네요

머리보다 가슴이 먼저
반응하던 시절
날개를 활짝 펴며
하늘에서 땅으로 사뿐히
내려앉는 늦가을의 군무
뜻밖의 방문에 함성으로
술렁이던 강의실
부랴부랴 편지를 썼지요

생각만 해도 자연스레
입꼬리가 올라가게

웃음 머금게 하던

누군가가 곁에 있어

참 좋았습니다

시간의 뒤안길에서

지나버린 시간을 추억하게

된다는 것을 그때는

왜 몰랐을까요

온몸으로 그대를 맞이하는 지금

가슴 뛰게 그리운 누군가가

곁에 있다면

참 좋겠습니다

시간을 지나

공간을 넘어오는 그대

어서 오세요

마음의 문 열어놓을게요

그대, 지금 사랑을 꿈꾸거든

길이를 측정하는 단위

무게를 측정하는 단위

들이를 측정하는 단위

넓이를 측정하는 단위

부피를 측정하는 단위

그러나 사랑을

측정할 단위는 없다

사랑은

길이인지 무게인지

들이인지 넓이인지

부피인지 그 무엇인지

결정할 수 없다

분명한 건

상대에게 주는 사랑보다

상대에게 받는 사랑이

늘 작다는 현실

우리가 사랑한다는 이유로

괴롭고 슬프고

아프고 외로운 것은

내가 준 것과

상대에게 받은 것을

저울질하기 때문이다

이 세상에 존재하는

조건 없는 사랑은

부모의 자식사랑

인간의 동물사랑 뿐

그대,

지금 사랑을 꿈꾸거든

기억하라

사랑은

시작은 쉬워도

끝은 결코 쉽지 않다는 걸

귀뚜라미

쓰쓰쓰쓰 쓰쓰쓰쓰

누가 귀뚜라미 소리를

귀뚤귀뚤 이라고 했나

귀를 쫑긋 세우고 들어도

전혀 들을 수 없는

귀뚤귀뚤

입추가 지나자

들에서 놀던 귀뚜라미

마당에서 울다

집 주변 후미진 구석

터를 잡았네

날씨가 더 추워지면

머지않아

집안으로 쳐들어올 기세

인기척이 나면 얼음 땡

한 마리가 뜨뜨뜨뜨 뜨뜨뜨뜨 말을 걸면

또 한 마리가 쁘뜨쁘뜨 쁘뜨쁘뜨 대답한다

그러다 문밖에서 너도나도

다른 목소리로

합창한다

멈춰버린 시간

세월이 비껴가는

홍정산 계곡

흐르는 물속에

산이 누웠다

하늘가 배회하며

신이 난 구름

산 따라

물속에 몸을 담근다

고요한 숲을

깨우는 건

새들의 수다스런

이야기뿐

피로에 지친 마음

계곡에 뛰어들어

몸보다 먼저

자맥질을 시작한다

초코파이와 카푸치노

길가에 밟히는 돌멩이처럼

흔하디흔한 사랑

얼마나 목말라 했던가

마음 녹여주는

따스한 말 한마디

얼마나 그리워 했던가

세상살이 시달린 마음

초코파이 한 개

카푸치노 한 잔에

아무는 상처

망각과 자유는

산에게 위로받는

평화로운 선물

4부
세 사는 고양이

저물녘

노을이 그림을 그린다
하늘 품에 안겨
바다를 그린다

갯벌에서 놀던 웃음소리
파도 데리고 뭍으로 밀려오면
모래밭에 둥지 튼 갈대
일제히 숲을 이루어
바람에 술렁인다

사람들 탄성에
수평선 붉게 타오르면
다시는 돌아올 수 없는
오늘을 남겨두고
노을은 바다 품에 안긴다

네리와 국화

노란 국화 옆에 잠들어 있는 네리
방 안 곳곳에 스미어 있는 지난날 추억
코 끝 간질이면 눈치챘을까
하품 한 번 크게 한 후
또다시 잠 속으로 빠져든다

잠든 네리와 소국을 바라보며
누군가에게 짙은 향기로
남을 수 있을까
아픈 상처 보듬어줄 수 있는
그윽한 눈길로 머물 수 있을까

누군가의 마음에
머물 수 있는
진한 그리움이고 싶다
이제, 그 누군가의 마음에
잔잔하게 녹아드는 사랑이고 싶다

낡은 주점에서

덩그마니 놓인 잔 속에

내가 하지 못한 이야기

네가 하지 못한 이야기

채워져 간다

우리의 소리가

차갑게 하늘거리는 눈매

입술이 닿으면

뜨겁게 달아오른 목젖에

살면서 뿌린 헛된 꿈

순식간에 녹아든다

너와 나의 간절함

술잔에 맴돌다

한 줌 꽃잎으로 사그라질 때

의식은 시퍼렇게 깨어

칼날을 가는데

생각할수록 초라해지는
삶의 무게
늦은 시간
왁자지껄한 사람들 사이
낡은 주점이 졸고 있다

어떤 죽음

산다는 것이 서러워
눈물일랑 저만치 걸어두고
눈 뜬 목숨 꽃잎으로 지다
새벽이슬 밟으며 떠나간
문명에 길들여진 시간

모래알 삼키며
부서지는 파도처럼
가슴 아린 날들
핏빛으로 물들여버린
기억의 저편

들녘 한구석
이름 없는 꽃으로도 피지 못할
젊은 날, 남겨진 것은
바람 한 자락이 몰고 온

그대 창백한 웃음

죽음으로 몸살 앓던
맑은 눈망울
초록으로 지친 여름이
못내 아쉬워
계절의 끝에서 서성이고 있다

고양이 가족
— 자비

석가 탄신일 새벽

대문 앞에서

결막염으로 눈 뜨지 못하고

염증 있는 발 핥으며

솜털이 보송보송

손가락 두 개 크기

혹여 밟을까

엉덩이로 깔고 앉을까

밖에서 놀다 새가 물어 갈까

더해지는 근심

대추나무에 거꾸로 매달려 놀 때

옥상에서 흙장난하며

놀이 삼매경에 빠졌을 때

자비야, 부르면

계단을 총총총

고개 내미는 영리함

어미 젖 빨지 못해

꾹꾹이가 안됨을

일곱 살에 알았네

꼬리가 짧은

하얀 토끼 고양이

똥 싸는 법 아무리 가르쳐도

동생들은 배우지 못하네

언제나 하수도 구멍에 똥 싸는

시크한 공주님

고양이 가족
— 금비

자비 동생인 줄 알았어

자비 집 놀러 와서

아침저녁 배불리 먹고 야옹야옹

바람 부는 어느 날

새끼들 추우니 데려오라

농으로 한 말

코 꿰고 말았네

하루 반나절에 걸쳐

담을 넘고 넘어

건강한 순서로 물고 왔지

제 새끼 거둬 달라 애교 부리는

미워할 수 없는 똑순이

숏다리 금비가

남편은 잘 만난 게지

새끼 세 마리 모두

늘씬한 다리 잘생긴 외모

네 얼굴에 성공한 거야

고양이 가족
— 산

방바닥에 톡

쥐새끼인 줄 알았는데

이름대로 등치가 산 만해진 산

이름을 잘못 지었어

똥 싸고 똥꼬 닦기 싫어서

줄행랑치기 다반사

그래도 목청은 좋아

음~마 음~마

노래는 일품

응~아 응~아

애교도 만점

고양이 가족
— 들

현관문 앞에 툭
암컷이라 들이라 했거늘
이름처럼
들을 너무 좋아해
여러 개의 방울 목에 달아도
모자를 씌워도
앞발로 문을 열고
가출하길 한두 번이 아니지
남의 집 월담해 끌고 왔는데
타고난 명대로 살려면
더 이상은 안 돼
앞뒤가 찻길이잖아

고양이 가족
— 강

제일 약한 몸
금비 물고 올 때 울음소리로
떠들썩했지
질질 끌고 오다 마당에 툭
울 때마다
옆에 있는 형제 혼냈는데
알고 보니 그 건 다 작전
창가 자리 혼자 차지하려
벌러덩 누우며 울었던 게지
싸우다 이기지 못하면
억울해서 울었던 게지
제 뜻대로 되지 않음
울기부터 하는 게지
아침에 일어나면
내 무릎 독차지하는 욕심쟁이

고양이 가족
— 별

산·들·강 온 지

며칠 후

어미가 버린 건지

트럭 아래서

사흘간 울고 있는

새끼 고양이

심한 염증으로

다리는 벌겋게

부어올라 있었다

금비 젖 먹으며

금비의 새끼가 된 별

수의사도 인정한

잘생긴 개구쟁이

자비 좀 때리지 마

네가 사랑하면

안 되는 누나잖아

어미젖도 제발 그만

넌 네 살이야

세 사는 고양이
― 예쁜이

자비네 집

허락 없이 세입자 들었네

돈 한 푼 내지 않는

염치없는 세입자

하양이와 예쁜이는

태어난 지

몇 달 안된 친구 사이

조금 전에 나와도

눈인사 나누었는데

마당에서

장난치며 놀다

집 앞 길에서

쌩쌩 달리던 차에

변을 당한 하양이

한쪽 눈만

분홍 렌즈 낀 하양이

자두나무 아래 묻던 날

찻길 바라보며 온종일 울다

창고에 눌러앉은 예쁜이

혹시,

친구 올까 기다리는 게지

숨바꼭질하는 거라

여기는 게지

세 사는 고양이
— 하양이 형제

예쁜이 곁으로

하늘나라 간

하양이 형제가 왔다

어미 따라

밥 먹으러 오던

새끼 고양이

독립하라

성화인 어미 못 이겨

살짝 찾아 들었네

형제와 친했던 예쁜이

위로하기 위함인가

서로 싸우지도 않네

세 사는 고양이
― 까망이

앗

이를 어째

야옹야옹 아는 체하며

어디선가 나타난 까망이

졸지에 창고에 세입자가 넷

길냥이 주는 밥 탓일까

추운 겨울 탓일까

아니면

자비 맘 인정 탓일까

세도 내지 않고

버티는 친구들

자비야, 어쩌지

만약

까망이가 창고에서

새끼까지 낳으면

정말 어쩌지

오늘은 영하 16도라는데

모정母情

자비네 곁 둥지 틀어
어미가 된 예쁜이
제법 컸다 말 안 듣고
나무 사이 오가며 장난치는 새끼
한 입 가득 먹이 물어
젖 먹지 마라 놓아주면
젖 먼저 쪽쪽쪽

낯가림 심해
뒤곁에 남은 허약한 놈
야~옹 불러 세워
한 입 가득 먹이 물어
배고프지 놓아주면
한 알은 어미 정성 꼭꼭꼭
한 알은 어미 사랑 꼭꼭꼭

문산 가는 국도변

질주하는 차들에 졸인 가슴

새끼 돌보랴 불 난 엉덩이

들녘에서 여물어가는

쪽빛 가을 햇살

늘어가는 자식 걱정

더해지는 한숨 소리

고라니

햇살 한 뼘 남겨 놓은 들녘
보고 말았지
볼을 부비는 바람의 숨결
가슴에 새기며
하천 내려다보는 촉촉한 눈망울

지난겨울 날 선 추위 가르며
눈 덮인 논 뛰어다니던,
어느 늦은 저녁
외딴집 앞에서
자전거 불빛 바라보던

익숙한 눈빛 처음은 아니야
반가움 앞서
한 걸음 두 걸음
후다닥 풀숲에 숨어

두 귀만 쫑긋

고개 숙여 풀잎에게 묻는다
해는 어디서 놀고 있나요
어둠은 어디쯤 오고 있나요

해설

* 해설

이타심의 중심에 서 있는 시들

박 일(시인)

　시의 발자취는 시인의 발길을 따라간다. 시인이 마음의 붓으로 쓰다듬은 시구가 공감의 벽을 따라 상상의 구조물을 만든다. 이번 방민선 시인의 『어둠 속에서 빛을 만나다』에서는 자신의 삶에 대한 스펙트럼의 정리가 드러난다. 부모님과의 사별을 통해 느끼는 인간애와 자아와의 교감, 조건 없는 사랑이 가족과도 같은 고양이를 통해 구현되는 생명존중 의식 등을 엿볼 수 있다.

1, 그리움 속에 있는 어머니와 아버지

　시인은 북쪽을 향해 날아가는 '새 떼'를 바라보며 "봇물처럼 터져 나오는 / 알 수 없는 그리움"(「북으로 날아가는 새 떼」 부분)을 느낀다. '새 떼'를 보며 시인의 발길을 잡는 그리움이란 대체 무엇일까. 고향이 북쪽은 아니기에 실향민의 감정은 아닌 것 같고, 이는 피안彼岸에 계시는 부모님에 대한 '그리움'으로 보인다.

먼저 「어머니와 골목시장」을 살펴보자.

> 어머니와 나만의 은밀한 추억 때문일까
> 낯선 도시를 여행할 땐 딱히 살 물건이 없는데도
> 톱니바퀴처럼 맞물려 분주하게 돌아가는 시장을 찾는다
> 시장 곳곳을 둘러보다 마음을 빼앗는 물건을 만나면
> 그 어떤 것이든 한 치의 망설임도 없이 무조건 산다
> 시장에서 오랜 시간 날 머물게 하는 곳은
> 손수 지은 농작물로 꾸려진 어르신들 좌판 앞
> 지나가는 사람들의 눈을 애타게 바라보며
> 간택의 손길을 기다리는 온갖 채소와 곡식
> 또는 제철 과일들이
> 손때 묻은 바구니에 아무렇게나 담겨져 있어
> 빙그레 미소 짓게 한다
> 그 앞에 서서
> 어머니와 같은 분들과 이야기를 나누노라면
> 따스한 정을 느낄 수 있어 마음이 편해진다
> ―「어머니와 골목시장」 부분

돌아가시기 전 손수 밭을 일구시던 어머니와 시장 사람들이 오버랩이 되어 나타난다. "어머니와 같은 분들과 이야기를 나누노라면 / 따스한 정을 느낄 수 있어 마음이 편해진다"

는 골목시장에서 "어쩌면 나는 / 어머니가 그리워서 시장을 찾는지도 모른다"는 그리움 속에 서 있는 시인, 그 시인은 '익숙해진 외로움' 곁에서 쉽게 잠들지 못하는 삶의 계곡을 마주하며 있다.

> 어둠이 눈에 들어오면
> 살 속 깊이 파고든
> 오래전 퇴색해 버린 옛사랑
> 잊어버려라 참견하며
> 소똥령 계곡 휘돌아
> 물과 어우러져
> 노래 한 자락 뽑아낸다
>
> 칠흑 같은 어둠과 함께 하면
> 익숙해진 외로움
> 곁에 다가와 앉아
> 아직 보내지 못한 그리움
> 목젖까지 차올라 울음 운다
> 어둠이 밝은 빛 빚어내느라
> 계곡은 잠들지 못한다
> ―「어둠 속에서 빛을 만나다」 부분

'소똥령'을 지나며 본 계곡은 지나온 삶의 고단함을 지니고 있다. 시인은 자식들을 위해 서울을 향해 달려온 아버지가

겪었을 고단한 삶의 현장이 떠오르기에, "아직 보내지 못한 그리움 / 목젖까지 차올라 울음 운다 / 어둠이 밝은 빛 빚어 내느라 / 계곡은 잠들지 못한다"고 말한다.

살을 에는 추위에 굳어진 몸
굵어만 가는 손가락 마디
살뜰히 객식구 챙기는 아버지를
난 도저히 이해할 수 없었다
지금 돌아보면 누구나 배고파서 서럽던 때
친척집 신세진 빚 갚듯 기댈 곳 없는 타향에서
아버지는 지인들 버팀목이었음을

국문학 전공을 반대했어도
글을 쓰게 되자 기뻐하셨던 아버지
신문 특집란의 문학과 교육면 곱게 접어
늘 소파에 놓아두셨다
언젠가 반주를 함께 하며 네 앞길 막아 미안하다
털어놓은 속마음 그저 큰소리로 웃었지요

자식 위해 접은 꿈 잊고
나에 대한 미안함만 안고 사신 아버지
유품을 정리하다 눈에 띈 일기장
그 안에서 발견된 나의 시
오랫동안 목이 터져라 울었지요

―「아버지, 나의 아버지」부분

어머니에 대한 미안함

어느새 그리움으로 자라

흐느끼고 있는데

소리 높여 불러도

보고픈 내 어머니는

꽁꽁 숨어 나오시지 않는다

아무리 불러도

어머니의 밭에는 어머니가 없다

　　　―「어머니의 밭에는 어머니가 없다」부분

- 그런데 왜 한숨을 쉬세요

　드시기 싫은 죽

　억지로 드시라 해서 그래요

- 아니

- 그럼, 왜 한숨을 쉬세요

- 사는 게 너~무 힘들어

- 맛있는 음식도 많이 해드리고

　잘 모실게요

　내가 늙을 때까지

　오래 함께 살아요

나의 무능함을 느끼며

인정할 수 없는 불안의 시작이 된

"사는 게 너~무 힘들어"
한숨 섞인 아버지의 그 한마디가
아직도 귓전에 맴돌며
날 아프게 합니다
　　—「아버지와의 마지막 대화」 부분

  이 시집에 수록된 부모님에 대한 시들이 한편으로는 다소 수다스럽고 설명적이며 서술적이지만 그러기에 일상의 대화처럼 우리들 귀에 다가온다. 지인들의 버팀목이었던 아버지에 대한 회상에서 "국문학 전공을 반대했어도 / 글을 쓰게 되자 기뻐하셨던 아버지"는 "나에 대한 미안함만 안고 사신 아버지 / 유품을 정리하다 눈에 띤 일기장 / 그 안에서 발견된 나의 시"를 보며 우는 화자, "어머니에 대한 미안함 / 어느새 그리움으로 자라" 있기에 "보고픈 내 어머니는 / 꽁꽁 숨어 나오시지 않지 않는다 / 아무리 불러도 / 어머니의 밭에는 어머니가 없다"는 부재 인식은 돌아가시기 전에 주고받은 대화 중 "사는 게 너~무 힘들어 / 한숨 섞인 아버지의 그 한마디가 / 아직도 귓전에 맴돌며 / 날 아프게 합니다"를 통해 '그리움'의 실체가 부모의 사랑에 대한 자신의 미진함에 대한 슬픔으로 나타난다.

2. 시인이 지향하는 '사랑'과 가족과도 같은 고양이들

우리가 사랑한다는 이유로

괴롭고 슬프고

아프고 외로운 것은

내가 준 것과

상대에게 받은 것을

저울질하기 때문이다

이 세상에 존재하는

조건 없는 사랑은

부모의 자식사랑

인간의 동물사랑뿐

그대,

지금 사랑을 꿈꾸거든

기억하라

사랑은

시작은 쉬워도

끝은 결코 쉽지 않다는 걸

　　―「그대, 지금 사랑을 꿈꾸거든」 부분

들녘 한구석

이름 없는 꽃으로도 피지 못할

젊은 날, 남겨진 것은

바람 한 자락이 몰고 온

그대 창백한 웃음

　　—「어떤 죽음」부분

　사랑이 무얼까. 시인이 겪은 청춘의 사랑은 "창백한 웃음"에 지나지 않는다. 부모 자식 간의 사랑도 사별의 끝 저쪽에 서 있다. 하지만 시인은 이에 대한 정의를 내린다. 자아가 경험한 "사랑은 / 시작은 쉬워도 / 끝은 결코 쉽지 않다는 걸" 알고 있다. 왜? "조건 없는 사랑은 / 부모의 자식 사랑 / 인간의 동물 사랑" 뿐이기에, 하지만 시인은 자연에 대한 그리움을 통해 삶을 꿰뚫고 운명을 깨닫는다. "하루하루 꿈을 키워 / 결국에는 / 또 다른 나를 / 세상에 내놓는 / 놀라움"(「팬지」부분)을 보며, "새벽녘 찬바람 / 이슬 부르면 / 그대 향한 그리움 / 더욱 깊어져 / 온 산천 흔들어 깨운다"(「찔레꽃」부분)는 화자. 그러나 "덧없는 욕심 채우기보다 / 바닥이 보일 때까지 / 비워야 함을 아는 우리 / 이제, 바람에 기대어 보자"(「바람에 몸을 맡기면」부분)며 기다림 속에서 사랑도 그리움이 됨을 본다.

삶이란 만남을 엮고

헤어짐을 기약하는 것

누군가를 간절하게 기다리는 사람아,

빗줄기 속에서 보았는가

그렁그렁한 이별의 눈빛을

　　―「비 오는 날」부분

흐르는 물이기 보다

차라리 고인 물이 되어

그대 곁에 머물고 싶다

　　―「그리움」부분

　시인에게 있어 자아는 타인에게 맡겨진 자유가 아닌 스스로 선택이 되어진 "어둠 속에서 직진만 고집하는 / 길잡이가 되어야 하는 운명"(「묵호 등대」부분)을 지니고 있다. 사랑은 운명적인 자연을 거쳐 늘 "그대 곁에 머물고" 있다. 그가 말하는 절대적인 사랑은 부모 자식 간의 사랑, 동물에 대한 사랑의 테두리 안에 존재한다. 그 이름은 '가족'이다.

한낮 더위에 꼭 다문 입술

생전에 목젖 보이며

소리 내 웃는 법 없고

곁에 계셔도 있는 듯 없는 듯

미소만 얼굴 가득

자식들 무조건 믿으시던

내 엄마 꼭 닮았네

엄마, 불러 봐도

곁에 없는데

올해도 분꽃은 다시 피어

오가는 길냥이들

두 팔 벌려 그늘 내어준다

　—「분꽃은 다시 피어」부분

　부모님을 떠나보낸 시인은 지금 '고양이'들과 함께 가족과도 같은 유대감을 지니며 살고 있다. 자비, 금비, 산, 들, 강, 별, 예쁜이, 하양이 형제, 까망이를 통해 '캣맘'으로서 가족을 이루며, 이들에 대한 생명존중 의식을 보여주고 있다. 자신이 가꾸는 앞마당 꽃밭에서 살아계실 적의 어머니를 생각하며, 자식처럼 고양이들을 대하며 '사랑'의 의미를 되새긴다.

자비네 곁 둥지 틀어

어미가 된 예쁜이

제법 컸다 말 안 듣고

나무 사이 오가며 장난치는 새끼
한 입 가득 먹이 물어
젖 먹지 마라 놓아주면
젖 먼저 쪽쪽쪽

낯가림 심해
뒤꼍에 남은 허약한 놈
야~옹 불러 세워
한 입 가득 먹이 물어
배고프지 놓아주면
한 알은 어미 정성 꼭꼭꼭
한 알은 어미 사랑 꼭꼭꼭

문산 가는 국도변
질주하는 차들에 졸인 가슴
새끼 돌보랴 불 난 엉덩이
들녘에서 여물어가는
쪽빛 가을 햇살
늘어가는 자식 걱정
　　—「모정母情」부분

　아기 고양이들의 꼬물거림, 쳐다보는 어미의 사랑스런 눈빛, 이를 바라보며 미소를 짓는 시인의 얼굴, 서로가 생명체

이기에 느끼는 교감, 삶이란 물질이 아닌 정서의 교감에서 '살아 있음의 기쁨'을 느끼는 게 아니겠는가. 지나가는 모든 것은 그리움이 되고, 기다림 속에서 자연은 다시 순환의 반복이 된다. 대자연의 생명체는 대를 이어 다시 태어난다. 그런 생명을 바라보는 시인의 '사랑'은 늘 무조건적이다. 방민선 시인의 눈은 늘 이기심이 없이 가족과도 같은 생명들과 눈맞춤을 하는 '이타심의 중심'에 서 있기 때문이다.

현대시학시인선 113

어둠 속에서 빛을 만나다

초판 1쇄 발행	2023년 3월 31일

지은이	방민선
발행인	전기화
책임편집	고미숙

발행처	현대시학사
등록일	1969년 1월 21일
등록번호	종로 라 00079호
주소	서울시 종로구 계동길 41
전화	02.701.2341
블로그	http://blog.daum.net/hdsh69
이메일	hdsh69@hanmail.net
배포처	(주)명문사 02.319.8663

ISBN	979-11-92079-56-1 (03810)

○ 책값은 뒤표지에 있습니다.
○ 이 책의 판권은 지은이와 현대시학사에 있습니다.
  이 책 내용의 전부 또는 일부를 재사용하려면 반드시 양측의 서면 동의를 받아야 합니다.
○ 잘못 만들어진 책은 구입하신 서점에서 교환해드립니다.